LUCÍA BAQUEDANO

Inventando historias

Ilustradora: Margarita Menéndez

Magisterio Casals

Coordinación Editorial: Guadalupe Ortiz de Landázuri Busca

De este libro existe una FICHA DE ANIMACIÓN A LA LECTURA Y UNOS JUEGOS ASOCIADOS.

Caspe, 79 - 08013 Barcelona.
Tel. 93 232 37 13. Fax 93 265 68 95
http://www.editorialcasals.com

Diseño de cubierta: Josep Bassa con una ilustración
de Margarita Menéndez
Ilustraciones: Margarita Menéndez

Segunda edición: junio 1999
ISBN: 84-218-1395-1
Depósito legal: M. 30.606-1999
Printed in Spain
Imprime: Anzos, S. L. - Fuenlabrada (Madrid)

A María

1

Era inútil. Por más vueltas que le diera, aquel hombre no encajaba dentro de la historia. Parecía que se hubiera colado en ella sin pedir permiso ni nada, estropeando todo su trabajo, porque él no necesitaba un viejo. Un viejo que no podía ser ni espía, ni héroe, ni villano, ni detective...

A Alberto le gustaba inventar historias y el edificio vecino le había dado un material magnífico, porque aunque su fachada fuera tan poco atractiva, con sus ventanas iguales, el trasiego de gente en su interior lo tenía fascinado.

Empleados de limpieza con monos azules, camareras de vestido rosa y delantal con puntillas, monjas, hombres y mujeres de batas blancas, y toda clase de personas con ropa normal. Pero sobre todo proveedores. Raro era el momento en que no se veía una camioneta frente a la puerta, de la que algún hombre iba extrayendo cestos de puerros, cajas de huevos, panes, botellas de leche o vino, pollos, y unas enormes piezas de carne de ternera o vaca, tan grandes como Alberto no las había visto jamás.

Se le ocurrió aquella historia el día que Genoveva perdió la última aguja de coser y le mandó subir al piso de arriba a pedir una a su vecina, que resultó que tampoco tenía.

Pero Rosalía, siempre tan amable y servicial llamó en el piso de enfrente, donde vivía Julia, que sí tenía agujas. Precisamente las había comprado ese mismo día, obligada por la circunstan-

cia de haber perdido todo un paquete en el trascurso de una semana.

−Nada menos que doce agujas. Doce −les dijo.

−Yo no es que cosa mucho −contestó Rosalía−; un botoncito aquí, un descosido allá, pero cada vez que lo hago, pierdo una aguja.

Si aquel día su madre le hubiera llamado como cada lunes, Alberto hubiera olvidado el lío de las agujas, pero mamá faltó por primera vez a su cita, y él pasó toda la tarde esperando el zumbido del teléfono, con la frente pegada al cristal de la ventana y los ojos fijos en el edificio vecino.

El piso que quedaba frente a él tenía una gran galería y vio transitar por ella un montón de gente a la que ya conocía de otros días, pero a la que, sin embargo, hasta ese momento nunca había prestado atención.

Estaba el hombre de la bata blanca que solía fumar un cigarrillo junto a la cristalera, y a veces, como aquel día, le acompañaba otro que llevaba pantalón blanco y camisa verde y que en un momento determinado se miraron, y sin que al parecer cruzaran una palabra, corrieron a esconderse cada uno por una puerta verde.

Alberto pensó que algo o alguien les había sobresaltado. Sin duda una persona a quién temían. Y esperó acodado en su ventana hasta ver aparecer en su campo de visión a la persona que los había puesto en fuga, que resultó ser una monja con delantal y toca blanca de aspecto inofensivo y además muy bajita de estatura.

Pensó que alguien así no podía haber asustado a aquellos hombres, y perdido por ello el interés, se apartó de la ventana.

Pero al día siguiente tampoco llamó su madre, y aunque Genoveva le dijo que no se preocupara, que sin duda no había podido hacerlo, Alberto comenzó a inquietarse.

Porque su madre era periodista y estaba ahora como corresponsal en Irak, un país muy lejano que estaba casi siempre en guerra con Irán. Una vez había salido en la televisión entrevistando a un general importantísimo y mientras hablaban se oía el ruido de los proyectiles a su alrededor. Era emocionante, aunque al otro día cuando lo contó en el colegio, nadie creyó que la periodista era su madre.

Ahora volvió a recordarlo. Mamá estaba siempre en tanto peligro... Si al menos papá estuviera en casa para darle ánimo.

¡Ya estaba! Otra vez los dos hombres, el de la bata blanca y el de la camisa verde, fumando junto a las ventanas de la galería. Se reían a gusto, pero de vez en cuando lanzaban furtivas miradas al otro extremo del corredor hasta que al fin, como el día anterior, volvieron a cobijarse en sus refugios, tras las puertas verdes, al aparecer la monja bajita.

¿Por qué la temían?

Y comenzó a inventar una historia, y otra historia, y otra historia.

Y las inventaba porque era divertido imaginar cosas mientras esperaba la llamada del teléfono.

Imaginaba que la monja bajita, a pesar de su risueña mirada, era una peligrosa espía, siempre al acecho de los dos científicos, poseedores de importantísimos secretos de laboratorio.

A Alberto le hubiera encantado conocer aquellos secretos de alto nivel, pero aunque pensó, y pensó, y pensó, no lograba dar con ellos, hasta que un día, cuando Genoveva le dijo que salía un momento de casa, dio con la solución.

–No tardo ni dos minutos. Voy sólo a la mercería a comprar agujas de coser –le dijo.

¡Ajá! Genoveva estaba nuevamente sin agujas de coser... ¿No era verdaderamente sospechoso que las agujas se perdieran con tanta frecuencia? ¿No estaría allí la clave del misterio?

No tenía intención de hacerlo porque le daba vergüenza, pero estaba seguro de que si subía a casa de sus vecinas, se encontraría con que tampoco ellas tenían agujas.

Y continuó con la historia en la que el HBB (el hombre de la bata blanca) y el HCV (el hombre de la camisa verde) estaban ahora enfrascados en la creación de un complicado y genial artefacto espacial, todo él construido por un sinfín de finísimas varillas de acero. ¿Y qué eran las agujas de coser sino finas varitas de acero?

Lo que tenía que decidir ahora es el método que seguían para hacerse con ellas sin que las inocentes costureras se dieran cuenta. Lo mejor sería que el muchacho que venía cada mañana a traer la leche fuera el encargado de aquella misión. Los lecheros tenían acceso a cualquier casa... Claro que también estaba el chófer del agua mineral y el repartidor de pan, que tenía además cara de traidor.

¿Y la MP (monja paqueñita)? Tampoco estaría mal darle ahora el papel de sabia secuestrada por aquel falso limpiacristales con el fin de hacerla confesar altos secretos militares...

Cada vez le gustaban más las historias, y durante todos aquellos días en que su madre no llamó, siguió imaginándolas.

La última se le había ocurrido al mirar una fotografía de la luna, la pobre tan llena de agujeros.

Fue el día en que el HBB olvidó cerrar tras de sí la puerta verde al entrar en la misteriosa habitación. Alberto lo vigilaba pensando en qué papel le daría aquel día, relacionado con algún asunto lunar.

Tan sólo veía parte de su espalda y su brazo derecho porque un biombo ocultaba lo demás, pero fue suficiente.

El HBB, alzó de pronto el brazo armado de una aguja, y la clavó con violencia en un lugar u objeto invisible.

–¡Agujeros! –suspiró Alberto.

Ahora estaba seguro. Ya sabía para qué utilizaban las agujas robadas. Hacian agujeros. Cientos, miles, millones de agujeros para exportar a la luna.

¡Y qué bien planeado lo tenían! Alberto ya había observado que cada día llegaban a la casa gran cantidad de proveedores, que entraban en ella con cestos cargados, y salían con ellos, aparentemente vacíos. Pero no estaban vacíos. Estaban llenos de agujeros destinados a repoblar la luna, y sólo él, él, había sido capaz de descubrirlo, porque decidió de inmediato que ni tan siquiera los repartidores que se los llevaban iban a saberlo. Que ignorarían por completo el cargamento que llevaban en los recipientes que creían desocupados.

Por un momento quedó impresionado al descubrir que se hubiera podido

montar una red así, precisamente a cuatro pasos de su propia casa.

Tal vez debiera hacer que la MP lo descubriera accidentalmente, ¿o sería mejor que lo hiciera la camarera morenita que cada día llevaba a los dos hombres sus tazas de humeante café?

Por otra parte, la cocinera, a quien hacía unos días había descubierto un piso más abajo, comenzaba a caerle bien. Era joven, y cuando miraba por la ventana guiñaba un ojo a Alberto, como si también él le fuera simpático.

Aquella historia iba a resultar estupenda. La CJ (cocinera joven) iría un día a limpiar algo en su fregadero, y descubriría la desaparición del agujero de desagüe. A la espera del fontanero decidiría utilizar el lavabo, que también carecería del utilísimo orificio. No tardaría en darse cuenta de que faltaban todos los agujeros de la casa. Los del colador, los dos gemelos de las tijeras, los del queso gruyere, e incluso los de unos calcetines que esperaban en el cesto de la costura el momento de ser remendados.

Alberto se frotó las manos satisfecho, porque CJ, mujer simpática e inteligente, ya se estaba dando cuenta de que la desaparición de los agujeros podía ser asunto altamente peligroso, y ahora meditaba a quién podría confiar su descubrimiento, dudando entre el ayudante de la cocina y el revisor de los contadores del agua, cuando la puerta se abrió, y entró empujando su carrito CM (camarera morenita), a quien CJ, miró primero con cierta desconfianza. Desconfianza que inmediatamente se trocó en horror, porque acababa de descubrir que a CM le faltaban los agujeritos de la nariz.

Respiró hondo. Aquello se estaba poniendo cada vez más interesante. Ahora pondría en acción a HBB y HCV. A ver cómo resolvían el misterio.

Pero cuando apartó su mirada de la

cocina y la levantó al piso de las galerías sólo vio al Viejo.

–¿Y ahora qué hago yo con éste? –se preguntó.

Pero en ese mismo instante sonó el teléfono.

2

Hacía ya tres años que los padres de Alberto se habían separado. A veces le gustaba pensar en el tiempo en que todavía vivían los tres juntos, cuando todos eran tan felices.

Aquellos tres años que le parecían tan largos no le habían hecho olvidar los días en que salían a pasear por el campo, y él, una mano entre la de papá, y otra entre la de mamá, los obligaba a correr y a elevarlo en el aire, dando gritos de alegría.

Ya nunca salía con los dos, y no podía recordar la última vez que lo hicieron. ¿Fue el día que comieron en aquella casa de un pueblo, donde Alberto lo pasó tan bien, mirando cómo los patos peleaban por comerse unos caracoles?

Al menos fue la primera vez que los oyó reñir. Fue su madre quien empezó, cuando después de un largo silencio, dijo a padre que quería realizarse como persona.

–¿Es que no lo estás ya? –preguntó papá.

Y mamá soltó una risita que era más bien un suspiro, para añadir después que estaba harta de todo.

Alberto siguió mirando a los patos, pero ya no le hacían tanta gracia como antes, porque aquello de que su madre estuviera harta le había sorprendido mucho.

–Quiero trabajar. Tengo una carrera. Una carrera que elegí porque me gustaba. Mi vocación no es guisar, fregar y comparar la blancura de los detergentes.

–Yo creía que eras feliz.

Alberto contuvo la respiración. ¿Sería o no, feliz mamá?

–No he dicho que no lo sea. Pero ahora el niño es mayor, no me necesita tanto, y yo siento que me falta algo.

A él le hubiera gustado mucho saber qué le faltaba, pero entonces pasaron unos chicos persiguiéndose. Tenían la boca llena de agua y la hacían salir a presión entre las rendijitas de los dientes para mojarse unos a otros, y a uno le acertaron en el ojo y todos se reían mucho, así que pidió permiso para salir a la calle, y como le dijeron que sí, también él se llenó la boca de agua y persiguió a los otros, pero sólo consiguió mojarse el jersey. Pensó que su madre le reñiría, pero estaba tan distraída que no se fijó. Además hizo todo el viaje de regreso en silencio, como si estuviera triste, porque ya no parecía muy amiga de papá.

Pero al fin, después de algunos días

empezó a trabajar, y aunque Alberto sentía que no estuviera en casa cuando volvía del colegio, pensó que era mejor así, porque ahora parecía muy feliz y se reía mucho con papá contándole cosas de su trabajo. Y muchas veces se oía su voz por la radio, y todos decían que lo hacía muy bien y que mamá era estupenda.

Era tan estupenda, que al cabo de unos meses ya le ofrecían un trabajo más importante. Ahora sí que estaba realmente contenta. El que no parecía tan contento era papá, porque mamá tenía que pasar la mitad de la semana en otra ciudad, y también Alberto empezó a pensar que eso de que mamá se realizara sin él, ya no era tan divertido.

Por fin decidieron comprar un piso cerca del trabajo de su madre, donde vivirían los dos juntos, y su padre iría los fines de semana.

Aquello ya estaba mejor, porque además se llevaron a Genoveva. Genoveva también era estupenda. Había cuidado de mamá cuando era una niña pequeñita, y después de él, aunque Alberto siempre pensó que le quería un poquito menos que a su madre.

Al principio fue bien. Papá iba los viernes y todo volvía a ser como antes, pero después ya notó que algo no funcionaba, aunque no supo qué era, pero a veces los oía discutir, y había días en los que casi no hablaban, y él tenía una cosa muy rara dentro de sí, como si estuviera asustado.

Un día le dijo mamá que se había divorciado, y a él le dio tanta pena que se echó a llorar, y le sorprendió que su madre también llorara y le dijera que lo necesitaba mucho porque ya sólo le tenía a él, y que en adelante sería el hombre de la casa, cosa que le llenó de orgullo. Por eso lo primero que hizo fue secarse las lágrimas porque los hombres no lloran. Y ya no volvió a hacerlo. Ni siquiera lloró cuando aquel coche azul atropelló a su perro Quique y lo mató.

Además desde que era hombre lo querían más. Lo primero que hizo mamá fue comprarle el perro, y eso que siempre se había negado a ello, y a pesar de que Genoveva decía que era un error y que esa no era manera de solucionar las cosas, que por cierto fue una observación que Alberto no entendió

Bueno, y papá... Solía venir los domingos y salían los dos juntos. Pues bien, ya el primer día le dijo que iba a comprar unas tablas de surf, porque en cuanto tomara sus vacaciones irían juntos a la playa.

La verdad es que si no fuera porque a él le hubiera gustado más vivir todos juntos, estaba contento y orgulloso de que lo quisieran tanto. Había tenido mucha suerte, porque sus padres eran estupendos.

Lo malo fue cuando papá empezó a

fallar algunos domingos. Entonces le llamaba por teléfono y le decía que no había podido ir, que estaba muy ocupado o que tenía muchísimo catarro.

Un día apareció con una señorita muy guapa, le dijo que iba a casarse con ella, y que sería para él otra mamá.

A Alberto le sorprendió, porque conocía algunos chicos que tenían dos abuelas, pero no sabía que también se podía tener dos madres, aunque estaba dispuesto a aceptarlo, porque era muy guapa, olía muy bien, y además le acarició en el pelo, diciendo:

–Tú y yo vamos a ser buenos amigos, ¿no es cierto?

Y él asintió y le dio un beso, preguntándose si a mamá le importaría que también quisiera a una nueva madre.

Decidió que estaría encantada, porque mamá era buenísima.

Lo que no fue tan bueno fue que papá olvidara lo de ir juntos a la playa, porque ya hacía más de un mes que estaba de vacaciones y ni siquiera le dijo si había comprado las tablas de surf, que tanta ilusión le hacían.

3

Tras la llamada de su madre, Alberto estaba tan contento que no volvió a la ventana para continuar la historia, mas cuando lo hizo al día siguiente, dispuesto a culpar a HCV de la exportación clandestina de agujeros para repoblar la luna, vio que el viejo continuaba allí, tan inmóvil como el día anterior, la mano izquierda sobre la barandilla, la pipa entre los dientes y la descolorida boina negra en la cabeza.

En principio pensó en convertir a aquel hombre en vigilante de la Estación de Acopio de Alevines de Agujeros lunares, pero pronto lo desestimó por no parecerle persona adecuada, ya que su aspecto era más bien ausente y Alberto creía muy posible la entrada en los laboratorios de todo un ejército de espías sin que el viejo se enterara siquiera.

Desechó también la idea de que fuera portador de un mensaje para HCV. No creía que nadie fuera capaz de confiar una misión importante a un hombre tan viejo, pero entonces... ¿qué podía hacer con él?

Se sintió contrariado, además, porque había desaparecido la anterior actividad del edificio. Nadie transitaba por la galería, habían cerrado las persianas de la cocina, y todos los vendedores parecían haberse declarado en huelga.

Por primera vez, Alberto se cansó de mirar el edificio vecino y abandonó la ventana sin protestar, cuando Genoveva le dijo que ya era hora de estudiar.

–¿Qué te ha dicho mamá?

–Que no sabe si ahora podrá llamarme los lunes, que lo hará cualquier otro día y que se acuerda mucho de mí. Se ha alegrado cuando le he dicho que voy a tener un hermanito.

–¿Se lo has dicho?

–¡Claro! ¡Es una noticia fantástica! ¿Es que no se lo tenía que haber contado? ¿Era una sorpresa que papá quería darle?

–No lo sé... después de todo, ese niño no es nada para ella.

Y Genoveva se fue a la cocina murmurando algo entre dientes, dejando confuso a Alberto, porque no terminaba de entender a las personas mayores. ¿Por qué su hermano no era nada para mamá, si era su hermano?

Y mientras lo pensaba, echó una mirada al edificio vecino, y comprobó con alivio, que el viejo había desaparecido.

Pero estaba tan entusiasmado con el desarrollo de la historia de los agujeros, que la clase del día siguiente se le hizo larga, y la pasó entera trazando nuevos planes.

Sería la monja pequeñita, tan poco sospechosa, quien día a día se iba apoderando de los agujeros, y hoy entraba dentro de sus planes la espectacular desaparición de los del mobiliario de toda la casa.

Alberto se asomó a la ventana dispuesto a ver saltar todos los tornillos de sus lugares correspondientes al faltarles los correspondientes orificios.

Mas tuvo que apretar los dientes decepcionado, porque el hombre estaba de nuevo allí.

–Oye Geno, ¿para qué sirve un viejo? –preguntó.

–¡Un viejo! –exclamó escandalizada Genoveva–. ¿Es esa la forma en que te educan en el colegio? Se dice anciano. Sólo los trapos son viejos.

–Bueno, sí, anciano, como quieras; pero ¿para qué sirve?

–Para cuidar de los mocosos como tú, por ejemplo. ¿Qué harías sin tu Geno?

–Pero yo no me refería a ti, sino a los que son viejos de veras, a los que se pasan la vida en el balcón, sin hacer nada.

Pero Genoveva se echó a reír, y al mismo tiempo le soltó todo un discurso acerca de lo que es una vida de trabajo y después una vejez entre la indiferencia y el olvido, del que Alberto no entendió lo que se dice nada.

Al día siguiente se detuvo un rato cambiando cromos de futbolistas con unos chicos vecinos, y cuando cruzó la acera, se dio cuenta de que en la plaza donde se encontraba, estaba la fachada principal del edificio de sus historias.

RESIDENCIA HOGAR MADRE DE DIOS

ponía en la placa dorada junto a la puerta.

Alberto entró osadamente, asomando su cabeza por una puerta de cristales.

Lo que vio, lo dejó atónito.

Allí sólo había viejos.

Era una sala grande y en una mesa cuatro hombres jugaban a las cartas, más lejos hacían calceta dos mujeres, y una camarera que arrastraba los pies empujaba un carrito lleno de tazas.

Una monja de rostro arrugadito cruzaba el vestíbulo y sonrió al niño sin hacerle ninguna pregunta, y un hombrecito paseaba de un lado a otro del corredor apoyado en un bastón, sin dar muestras de aburrimiento.

Alberto salió de la casa, preguntándose por qué en la parte trasera del edificio eran jóvenes todas las personas, y sin embargo viejas en este otro lado.

Pensó que no era sólo raro, sino misterioso. Un enigma que en cuanto tuviera tiempo se animaría a resolver, como había resuelto lo del ingenio espacial fabricado con agujas de coser,

Residencia Hogar Madre de Dios

y el de la exportación ilegal de agujeros a la luna.

Se animó. Y tan animado estaba, que dio un puntapié a una bolita de papel que fue a chocar contra un extraño aparato blanco en forma de iglú, a cuyo lado descansaba otro igual, pero de color verde.

Preguntó al hombre que los estaba instalando para qué servían y le contestó que para depositar botellas inservibles.

El empleado era muy simpático y le explicó que los estaban colocando en muchas calles y plazas de la ciudad. Le habló de la necesidad actual de aprovechar las cosas. Por ejemplo, las botellas. Se metían por un agujero del iglú. Las blancas en el blanco, y las de color en el verde, y después se aprovechaba el cristal para otras cosas, porque como ya dijo aquel hombre tan amable, nada hay en el mundo que no sirva para algo.

Alberto decidió pedir a Genoveva

todas las botellas inservibles para depositarlas en los iglús, y convertirse así en ciudadano responsable. Sería conveniente, además, que cada día tomara con la merienda un batido de fresa o de chocolate para reunir más botellas.

Y satisfecho de su decisión, se acodó en la ventana con su bocadillo en una mano y el batido en la otra.

–¡Vaya! ¡Ya está otra vez el Viejo! –protestó.

Contemplando al hombre de la pipa entre los dientes, la deslucida boina, y la mano derecha asida a la barandilla, tuvo la gran revelación.

–¡Reciclaje! ¿Cómo no se me ha ocurrido antes? Este edificio es un centro de reciclaje, pero de reciclaje humano. Los viejos entran por la puerta de la plaza. Los traen aquí cuando ya no sirven, y los científicos los reciclan para que puedan volver a aprovecharse de nuevo, y cuando terminan de arreglarlos, salen por la galería convertidos en jóvenes, como es el caso de la MP, de la CJ, y de tantos otros.

Y se sintió satisfecho por su descubrimiento, y sobre todo ante la idea de que dentro de algunos días, todas las personas que había visto en aquel salón saldrían por la galería jóvenes y listos para su nueva vida. Y ya veía a los viejos que jugaban a cartas practicando el tenis, y a la monja arrugadita haciendo footing por los pasillos, a la camarera que arrastraba los pies haciendo juegos malabares con la bandeja de los vasos y tazas, y al viejecillo del bastón, desdeñando el bastón, para tomar una pértiga, con la que conseguiría superar el listón de los cinco metros sin tirarlo.

Sin duda el viejo de la pipa estaba allí aguardando su turno para ser reciclado, pero HBB y HCV, los doctores tenían muchísimo trabajo, porque en aquellos días les había llegado el cargamento de un gigantesco iglú.

Y cuando al día siguiente Alberto se

asomó a la ventana, lo hizo expectante, ansioso por ver el nuevo aspecto del Viejo después de su trasformación.

Mas el hombre seguía igual. La mano derecha sobre la barandilla, la descolorida boina negra en la cabeza, la pipa entre los dientes. Y no se movió al paso de la monja pequeñita ni de una joven de abrigo verde, sin duda recién reciclada. Y continuaba allí, cuando Alberto entró a estudiar a requerimiento de Genoveva.

–Es una estatua. Tiene que ser una estatua. Seguro que les ha fallado el proceso de reciclaje y se les ha quedado así, y lo sacan todas las tardes a la galería para que todos piensen que sigue siendo un Viejo.

Tan nervioso se sentía con aquella nueva historia, que no podía concentrarse en el estudio, y tras leer unas páginas de su libro, sin enterarse de nada, decidió que no sólo no lograría aprenderse la lección, sino que no dormiría si no salía pronto de dudas.

¿Era o no una estatua el Viejo de la casa de enfrente?

Armado de su tirabeque y una canica se asomó a la ventana, cuidando de no hacer ruido al abrirla.

Después, el palo de la horquilla fuertemente asido con una mano, tensa la goma, sujeta la canica entre el pedacito de cuero y apretada entre el índice y el pulgar de la otra mano, cerrado el ojo izquierdo para calcular el tiro sin fallar... ¡Ya estaba!

Pues no. No era una estatua. Era un hombre de carne y hueso, como lo demostró el hecho de que se moviera al recibir el impacto de la canica justo en la pipa, que se partió en dos. La cazoleta rodó por el suelo, y el Viejo, con la boquilla todavía entre los dientes, miró a su alrededor.

Su gesto fue primero de sorpresa y después de desolación al contemplar los restos de su pipa. Miró hacía el piso de arriba, y después al cielo, como si no

pudiera explicarse lo ocurrido, y Alberto se escondió avergonzado tras las cortinas por miedo a que el Viejo mirara al fin hacía su casa y lo descubriera.

Si así fuera, era muy probable que llamara a Genoveva para protestar por su mal comportamiento, y Genoveva se enfadaría muchísimo. Si le parecía mal que a un viejo lo llamara Viejo, ¿qué diría cuando se enterara de que además le había roto su pipa?

Y lo peor de todo es que tendría razón...

Y al pensarlo se sintió malo e irresponsable, pero decidido a pedirle perdón.

Podía llamarle. Como eran muy pocos los metros que separaban sus casas, el Viejo le oiría. Le diría que había sido sin querer, que creyó que era una estatua, y que estaba dispuesto a comprarle una pipa nueva.

Decidido, abrió la ventana, y ya había colocado las manos alrededor de la boca, a modo de bocina, cuando pensó que no podría hacerlo. No sabía como se llamaba. Seguro que si le decía: ¡Eh, Viejo!, se enfadaría, como se había enfadado Genoveva.

–¿Cómo decía que había que llamarle? Antiguo... sí, me parece que dijo Antiguo...

Mas cuando ya iba a llamarle, se abrió la puerta de HBB, dando paso a MP, que tomó al viejo por un brazo y lo hizo pasar a la misteriosa habitación, a pesar de sus protestas.

Durante varios días se repitió esta escena. La monja pequeñita tomaba al Viejo del brazo y lo introducía en aquel cuarto, lo que hizo suponer a Alberto que ya se le había sometido al proceso de reciclaje, y sin saber por qué, le dio pena, porque de pronto se dio cuenta de que el Viejo le gustaba así, tal como lo había conocido, aunque ahora, y para vergüenza suya, ya no tuviera su pipa.

Empezaba a pensar que los recicladores, HBB, HCV y su cómplice MP, no tenían derecho a convertir en joven a un viejo contra su voluntad.

–¿Ya se lo han preguntado siquiera? Tal vez no le guste reciclarse. Seguro que un Viejo como éste prefiere seguir siendo viejo... ¡Qué poca vergüenza! ¡Mira que querer quitar a un pobre viejo su vejez, si después de todo era sólo suya!

Empezó a pensar desesperadamente en la forma de ayudarle, y ya estaba pensando en echar mano de la simpática CJ, cuando sintió que Genoveva lo sacudía por los hombros.

–¿Es que no me oyes? Vamos, corre al teléfono... ¡Es papá, que tiene una gran noticia que darte!

4

A Genoveva le hubiera gustado que Alberto no inventara historias y que se quedara jugando en la plaza con sus amigos.

Y no es que él lo pasara mal con sus compañeros, porque precisamente en el colegio era de los que más jugaba con los amigos, pero desde que su madre había dejado de telefonear los lunes, siempre tenía miedo a no estar en casa si ella llamaba; así que en cuanto bajaba del autobús, corría a su casa.

Solía llegar sofocado por la carrera, y a Genoveva tampoco le gustaba que corriera tanto, pero jamás le reñía. Se limitaba a mover la cabeza pensativa, y una vez, incluso la oyó susurrar algo así como: ¡Pobre criatura!, aunque cuando él le preguntó:

–¿Qué dices, Geno? –ella negó haber dicho algo.

Lo que sí había notado es que Genoveva le quería ahora más que antes, porque desde que mamá estaba casi todo el tiempo de viaje, no tenía que repartir el cariño entre los dos, y podía dárselo todo a él, lo que le causó gran gozo, porque Genoveva era estupenda.

Alberto solía pensar que si su madre hubiera seguido trabajando en la radio hubiese sido mejor; pero procuraba ahuyentar aquella idea, porque le parecía egoísta, y eso era lo que mamá había dicho a papá, que era egoísta por no querer que siguiera su vocación, sólo para que él tuviera siempre a punto sus camisas.

El quería ver feliz a mamá, aunque pasara tan largas temporadas fuera de casa por culpa de su trabajo.

Lo que le hubiera gustado es tener hermanos. Comenzó a echarlos en falta el día que fue al cumpleaños de Ricardo Fernández, un chico de su clase que casi siempre llevaba un ojo tapado, por algo de la vista.

Ricardo tenía muchos hermanos. Alberto quiso contarlos, pero fue imposible, porque los más pequeños entraban y salían sin parar y no pudo verlos a todos de una vez; pero le encantó el movimiento de aquella casa tan diferente a la suya, y también la madre terminó por gustarle, aunque a su llegada estuviera tan enfadada, diciendo que la iban a volver loca, mientras iba recogiendo pedacitos de cristales de la alfombra que estaba toda mojada de Coca Cola.

Pero cuando acabó su tarea, resultó ser simpática y terminó por sentarse en el piano a tocar «La calle Ancha de San Fernando», mientras todos los chicos corrían alrededor de unas sillas, y se tenían que sentar cuando ella dejaba de tocar, y como había menos sillas que niños, el que quedaba de pie era descalificado.

Alberto lo pasó muy bien, y a su regreso a casa pensó que Ricardo Fernández tenía mucha suerte a pesar de bizquear y tener que llevar el ojo tapado.

Decidió que cuando regresara su madre, también él celebraría su cumpleaños invitando a muchos chicos; pero entre tanto empezó a inventar algunas historias, en las que se veía a sí mismo rodeado de doce o catorce hermanos, todos ellos varones, algunos de los cuales usaban gafas y tenían un ojo tapado. También estaba allí su madre, que se había puesto gorda, como la madre de Ricardo, y también decía que la iban a volver loca, pero luego tocaba la trom-

peta dirigiendo los juegos a los chicos.

El caso es que, cuando su padre le dijo que iba a tener un hermanito, jamás imaginó que podía ser niña, y cuando aquel día le dijo por teléfono que ya tenía una hermanita, la sorpresa lo dejó sin habla.

—¿Es que no te alegras? —le preguntó papá.

Sí; se alegraba, pero él había ido reservando, incluso comprando, algunos juguetes que guardaba para su nuevo hermano, un pequeño fortín, indios de plástico, un balón, un puñado de canicas y dos tirabeques muy bien construidos, que ahora no le iban a servir para nada.

Había imaginado que en cuanto creciera un poco lo llevaría a jugar a la plaza, que iría a la salida del Jardín de Infancia, y como Ricardo, diría a sus amigos fingiendo fastidio:

—Me han embarcado en casa para recoger al pequeñajo del parvulario...

Respiró hondo.

–Estoy contento papá, lo que pasa es que yo creía que sería un niño.

–¡Vaya hombre! Pero Gloria y yo preferíamos que tú sigas siendo el hombre de la casa, así que nos parece mejor una niña. Además es tan bonita que seguro que va a gustarte.

Y a Alberto le gustó. La imaginó en seguida, rubia y enteramente vestida de rosa.

–Quiero verla, papá.

–¿Sabes lo que he pensado? Que este año podías pasar con nosotros las navidades. Así conoces a tu hermana. Ya hablaré con tu madre, y en cuanto termines el colegio me llamas y voy a buscarte, ¿quieres?

¡Claro que quería!

La lástima era que su madre le había dicho en la última llamada que había decidido que los dos se irían aquellas navidades a una estación invernal a esquiar, pero le dio pena decírselo a su padre, ahora que parecía tan ilusionado. Hablaría con mamá, y seguro que ella encontraría una solución que complaciera a todos.

Y Alberto fue a contar el dinero de su hucha, lamentándose de que fuera tan poco. Pero tal vez le alcanzara para comprar una muñeca, aunque fuera pequeña, y él mismo podría construir una cunita con aquellos tableros de chapa okumen que había en el trastero.

Y sin más dilación, puso manos a la obra.

Pero parecía que últimamente todas las cosas le salían mal.

La cunita de juguete le quedó torcida, y ni siquiera mirándola con mucha indulgencia se sintió capaz de aprobarla. Tenía serias dudas acerca de si a su hermanita le gustaría. Quedaba efectivamente un poco coja, y si el cabezal apuntaba a la derecha, los pies lo hacían ostensiblemente a la izquierda.

La mayor parte de los clavos se le

habían doblado y había tenido que aplastarlos con el martillo hacia un lado, para que no salieran demasiado.

La pintura con la que la decoró formaba churretes en algunos lugares, y tuvo que reconocer al contemplarla que su obra se alejaba mucho del proyecto que había visto en su imaginación.

Por si fuera poco, las muñecas costaban mucho más de lo que el tenía, así que siguiendo los consejos de Genoveva, compró un sonajero con figura de enanito, aunque no le pareciera tan bonito como las muñecas.

Otra cosa que le tenía muy preocupado era el Viejo.

Había desaparecido, y le asustaba la idea de que tal vez había sido al fin reciclado, y que ahora andaría por ahí, por las calles, montando una ruidosa moto y vestido con pantalón y cazadora vaquera.

Sin saber muy bien por qué, la desaparición del viejo le causaba hondo pesar, y no podía olvidar el momento en que su pipa, al contacto con la canica, se había partido en dos. Parecía que con ella le había privado de uno de sus miembros.

Verdad es que en el edificio vecino la vida continuaba igual. La CJ guiñaba el ojo a Alberto cuando lo sorprendía en la ventana, y HBB y HCV seguían manteniendo sus coloquios en la galería hasta que MP, o cualquier otra persona, aparecía y parecía interrumpir sus conferencias.

Pero Alberto había perdido todo interés por inventar historias acerca de los vecinos. Sin el Viejo, sin aquel Viejo cuya aparición en principio tanto le había molestado, era ya incapaz de inventar nada, y si no fuera porque esperaba con tanta impaciencia la llamada de su madre, se hubiera quedado todas las tardes en casa de Ricardo Fernández, que se pasaba tan bien.

Pero mamá tendría que llamar un

día u otro para decidir lo de las vacaciones de Navidad. Estaba seguro de que ella encontraría la solución, porque Alberto quería ir a esquiar, pero también le ilusionaba pasar unos días con papá y conocer a su hermana.

Y volvió a pensar en que aquello de que sus padres se hubieran separado era un fastidio, porque él se veía ahora obligado a elegir con quién debía ir, cuando lo que quería era ir con los dos, puesto que los quería tanto.

Por eso no quería entretenerse jugando con sus amigos a la salida del colegio. Hubiera sido terrible que llamaran sin estar él en casa. Sabía que Genoveva le transmitiría fielmente el encargo, pero quería ser él mismo el primero en saber cómo se resolvería el problema de sus vacaciones.

Mas transcurrían los días, y no llegaba la llamada.

Alberto comenzó a inquietarse. Pensó en su hermanita, tan pequeña e indefensa, ¿no le habría ocurrido algún percance? Y recordó también el ruido de las bombas alrededor de su madre y el general aquel de la televisión... Estaba mamá en tanto peligro, siempre en la primera línea de fuego...

Al fin, cuando sólo faltaban dos días para las vacaciones, encontró una carta en el buzón. Iba dirigida a él, y se sintió orgulloso de tenerla en sus manos. Era la primera vez que alguien le escribía, y le dio una y cien vueltas, casi con pena de abrirla, de romper el sobre que encerraba algún secreto; pero al fin lo hizo, y fue estupendo, porque de allí salió una postal que tenía un palacio, un palacio muy bonito de Teherán. Detrás escribía mamá, con una letra pequeñísima.

«Querido Alberto. Tendremos que dejar lo del esquí para otra ocasión, ya que no podré ir para Navidad. Hace mucho tiempo que quiero entrevistar a un señor importantísimo, y al fin he

conseguido que me reciba el día 26. Siento mucho no poder estar contigo en estos días, y como tú ya eres todo un hombrecito sabrás comprenderlo. Entrevistar a ese señor es muy importante para mi trabajo. Llama a tu padre para que te lleve con él estas vacaciones. Lo pasaréis bien juntos, y yo te llamaré en cuanto pueda. Abrazos, mamá.»

Volvió a mirar el palacio, y leyó nuevamente el mensaje de mamá, con la esperanza de haber entendido mal, pero no. Mamá decía bien claro que no vendría por Navidad.

Aquello le dejaba libre para poder ir con su padre, pero tenía la sensación de que era con su madre con quien deseaba haberse quedado.

¡Hacía tanto tiempo que no la veía!

Claro que también hacía muchos domingos que papá no venía, tan ocupado como estaba con su hijita, y él estaba deseando conocer a su hermanita.

Bueno, tal vez era mejor así. Pasaría la vacaciones con papá, y después iría a esquiar con mamá, y así disfrutaría de los dos.

Sí, a Alberto le pareció lo mejor. Ya sabía él que, de un modo u otro, su problema se resolvería.

Llamaría inmediatamente a su padre.

5

Llamó a su padre al despacho, y como siempre, le encantó oír su voz.

–Papá, ¿puedes venir pasado mañana?

Hubo un momento de silencio.

–Me parece Alberto que será mejor que vayas a esquiar con tu madre. Se han estropeado mis planes. Nosotros tenemos que ir a Santander, porque los abuelitos todavía no conocen a la niña, ¿sabes?

Abuelos...

A Alberto le pareció maravilloso.

Nunca había tenido abuelos, y ahora, así de pronto, cuando menos lo esperaba, se enteraba de que había unos abuelos en Santander. ¿Cómo no se lo habían dicho antes?

–Estupendo papá. Iré a Santander, y así yo también conoceré a los abuelitos.

El nuevo silencio de su padre no le pareció bueno. Presintió que ocurría algo.

–Hijo, tú ya tienes diez años, ¿no?

–Más. Casi once.

–Mejor todavía. Puede decirse que eres un hombre.

Alberto empezó a temblar. Comenzaba a darse cuenta de que siempre que le recordaban que era un hombre, era para decirle algo muy triste a continuación.

–¿Sabes? Los abuelos de Victoria son los padres de Gloria, y no son nada para ti.

–¿Cómo que no? ¿Pueden unos abuelos ser abuelos de mi hermana y no ser abuelos míos?

Y sintió deseo de llorar a pesar de ser ya casi un hombre. Estaba dispuesto a querer a aquellos abuelitos a quienes imaginaba luciendo dulces sonrisas, con cabellos blancos, y apoyándose en sendos bastones. Si él pensaba quererlos, ¿no podían ellos quererle a él?

Pero la voz de papá se oía débil y lejana, lamentándose de que la vida fuera así, y de lo mucho que le gustaría que comprendiera la situación y lo duro que era también para él que tanto lo quería. Tan pronto regresaran de Santander iría a verlo, y además le prometía un soberbio regalo. ¿Qué le gustaría?

Alberto no lo sabía. En realidad no quería nada, pero le dijo que lo pensaría. Y papá se despidió deseándole que hiciera muchos progresos en el esquí, y le aconsejó que procurara pasarlo muy bien.

Y fue después de haber colgado el teléfono, cuando se dio cuenta de que papá, con tanto hablarle del regalo y de lo mucho que le quería, no le había dejado decirle que mamá estaba en Teherán, y que Genoveva y él se quedarían solos por Navidad, lo que le resultaba terriblemente triste.

Pero cuando despertó a la mañana siguiente, había cambiado de idea. Sacó los libros y los cuadernos de la cartera y metió en ella un pijama, y el sonajero de su hermanita. Se despidió como cada día de Genoveva y salió a la calle como en una mañana cualquiera.

Pero no tomó el camino del colegio. Había decidido ir a Santander. Sabía dónde había una estación de autobuses y estaba seguro de que encontraría uno que fuera allí. No tenía más que mirar los rótulos que venían en la parte delantera, y cuando viera el que quería, subir a él.

Una vez en Santander buscaría la casa de los abuelos. No podrían negarse a recibirlo, y cuando vieran que les ayudaba y que era bueno y trabajador, no les quedaría más remedio que quererle.

En el andén había tres autobuses, todos con destinos a pueblos de las cercanías, así que se sentó en un banco de madera para esperar más cómodamente.

El movimiento de viajeros no era grande, pero algunos autocares abandonaron la estación y otros ocuparon su lugar en el andén sin que hiciera acto de presencia el esperado por Alberto. Hubo un momento en que la única persona de la estación fue él mismo, ya que no quedó en ella un solo viajero.

Miró inquieto a su alrededor y pensó que ya debía ser la hora de comer. Sus compañeros estarían ya en el comedor y aquel día, por ser viernes, el menú consistiría en lentejas, merluza en salsa y yogur.

A Alberto no le gustaban las lentejas, y sin embargo al pensar en ellas sintió que se avivaba su apetito. Tenía hambre y hubiera sido capaz de comer cualquier cosa que le pusieran delante.

¿Por qué tardaría tanto el autobús de Santander? Había contado con llegar allí para la hora de comer, y ahora comenzaba a dudar de si llegaría a tiempo para merendar.

La estación estaba de nuevo repleta de gente. Dos autobuses la abandonaron; tres más iban acogiendo a hombres, mujeres y niños. Alberto pensó que el suyo ya no podía tardar, y se sintió impaciente por subir a él, sentarse en uno de aquellos asientos, y salir al fin de la estación, mirando a través de los cristales a los que aún quedaban en espera. Y diría adiós a la niña pequeña del abrigo azul, al cura de gris, a los dos soldados, a la señora de gafas y al portalero de uniforme. Y también a los que ahora se sentaban en su banco. Al chico del pelo punk y al viejo de la boina que acababa de llegar.

¡El viejo de la boina!

Casi no podía creerlo. Era el Viejo

CAFETERÍA
SALIDA
SALIDAS
LLEGADAS
TAQUILLAS

de la casa de enfrente y estaba tan cerca de él que hubiera podido tocarlo. Llevaba una zamarra forrada de piel, sus manos grandes se posaban sobre sus rodillas, y se conservaba maravillosamente viejo.

Alberto contempló aquella cara llena de arrugas, como pliegues profundos de su piel curtida y dura, como acartonado, y olvidando que todas las pasadas historias eran invención suya, se apresuró a agradecer a Dios que el reciclaje no hubiera podido con aquella atractiva vejez.

Deseó que el Viejo le mirara, que le prestara atención, y también que le hablara. Mas él, con su vista clavada al frente, ni siquiera reparó en Alberto, que comenzó a sacarse mentiras de los dedos, que chascaban sonoramente.

Aquella habilidad suya causaba sensación en el colegio, ya que ninguno de sus compañeros era capaz de sacar mentiras a los diez dedos, pero el Viejo no se fijó. Continuó con la vista fija en el andén.

Entonces Alberto silbó. Fue un pitido estridente que hizo que le miraran todos los viajeros, menos su compañero de banco.

¿Qué otra cosa podía hacer para llamar su atención? Porque el Viejo iba a irse. Estaba seguro de que iría en cualquiera de aquellos autobuses, ya que fracasado su reciclaje nada tenía que hacer en aquella ciudad, y perderían el contacto para siempre, y no podía explicárselo, pero le daba muchísima pena, porque le hubiera gustado ser su amigo.

Y casi sin darse cuenta, empezó a imaginar lo estupendo que sería que también el Viejo estuviera esperando el autobús de Santander y que los dos partieran juntos.

Se sentarían en asientos contiguos y entonces comenzarían a hablar, y cuando tuvieran más confianza, el Viejo le diría que había ido en busca del hermano de su nietecita, y que volvió a su casa con la pena de no haberlo encontrado. Alberto le diría entonces que él era el hermano de su nietecita, y entonces el abuelo le diría a su vez que siempre había deseado tener un nieto como él. Y se harían muy amigos y llegarían juntos a Santander, y papá al verlo se pondría muy contento.

Sin embargo nada de esto ocurrió, con gran pesar de Alberto, que seguía buscando en su mente la idea que le permitiera aproximarse al Viejo.

–Tengo una pipa –dijo como si no se dirigiera a nadie en particular, mirando él también al frente, pero con el rabillo del ojo fijo en el Viejo. Pero éste no se movió.

–Mi padre tiene una fábrica de pipas –mintió–. Están fabricando pipas continuamente, pipas que no se rompen por nada. Y tenemos tantas que no sabemos donde guardarlas. Tenemos toda la casa llena de pipas.

Un nuevo autobús entró en la estación, y el Viejo se levantó súbitamente. Alberto lo miró con inquietud. ¿Se iría ya?

Afortunadamente no lo hizo. Se limitó a mirar una a una a las personas que bajaban del autobús, como si esperara a alguien que no llegó. Después se quedó indeciso, como si no supiera qué hacer, y al fin, con pasos lentos, se dirigió a la puerta de salida.

Alberto no lo pensó más. Se acercó a él, y en un desesperado intento de llamar su atención, le dio un golpecito en el brazo.

–Me he escapado de casa –le dijo.

El Viejo le miró, y pareció verlo por primera vez.

–Eso es malo –le dijo.

–¿Por qué?

–Cuando yo me escapé, me cogieron en seguida.

El niño abrió mucho los ojos. Estaba maravillado. ¿Sería posible que el Viejo resultara tan formidable, tan de su estilo?

–Seguro que usted no lo hizo bien, pero yo en cuanto llegue el autobús me montaré y no pienso bajar hasta llegar a Santander.

–Es igual. Te cogerán.

–No... no podrán. Además, cuando lleguen ellos les diré que pienso volver en cuanto terminen las vacaciones. Oiga... ¿cuántos años tenía usted cuando se escapó?

–Setenta y dos.

Alberto volvió a asombrarse. ¡Qué maravilla de Viejo! ¡Escaparse de casa a los setenta y dos años!

–¿Pues sabe lo que le digo? Que me parece una vergüenza porque usted es viejo... digo... Antiguo, me parece que dijo ella. Y puede hacer lo que quiera. Y si quiere irse de casa, usted se va de casa tan tranquilo, y si no quiere que lo reciclen hace muy bien, yo haría lo mismo si fuera como usted. ¿Y a dónde quería ir cuando se escapó? ¿Probó a tomar el autobús de Santander?

–No, no lo tomé, porque quería ir a casa.

–¿A casa? –Alberto no lo entendía –. ¿Se escapó de casa para ir otra vez a casa?

El Viejo lo miró de frente y una lucecita iluminó sus ojos. De repente pareció animarse.

–Yo no he dicho que me escapé de casa.

–Sí lo ha dicho.

–No; no he podido decirlo porque no es verdad, y además sería una estupidez. ¿Has visto tú mayor estupidez que escaparse de casa?

–A mí no me parece estúpido. Y además usted se escapó. Y si no se escapó no sé por qué tiene que presumir de que se escapó.

–Yo no he presumido. Además me escapé. ¡Claro que me escapé! Pero me cogieron antes de llegar a casa.

–¿Lo ve? ¿lo ve? –gritó Alberto triunfal–. Acaba de decirlo otra vez.

–¿Y por qué no he de decirlo si quiero? ¿Hay alguna ley que prohiba decir lo que se quiere? Y si lo que yo quiero es vivir en mi casa, ¿por qué no he de hacerlo?

–Pues eso es lo que digo, que es una tontería escaparse de casa, para ir a casa otra vez.

–Naturalmente. Es que no hay que escaparse de casa.

–Entonces, ¿por qué se escapó?

–Porque no me gustaba la residencia. Demasiada gente, ¿sabes? Y no se trabaja, y te obligan a pasar por el dentista cuando les parece, y te hacen comer lentejas.

–¡Ah! ¿A usted tampoco le gustan las lentejas?

–Me gustan las lentejas, pero no me parece bien que me hagan comerlas.

A Alberto le encantó la respuesta. La apuntó mentalmente para decírselo a

Rita, la señorita del comedor, que se empeñaba en decir que hay que comer de todo.

–¿Y en su casa no le hacen comer lentejas?

–En mi casa no me hacen comer lentejas, porque no hay nadie para mandarme. Hago siempre lo que me parece, ¿sabes?

–Claro, entonces no me extraña que quiera volver... ¿Y no piensa intentarlo otra vez?

El Viejo negó con la cabeza, y la lucecita de sus ojos se apagó.

–Oiga... ¿no quiere que nos escapemos juntos?

–Volverían a cogerme. Además, ¿para que me voy a ir, si vendieron mi casa?

–¿Quién hizo eso? Seguro que fue HCV. Lo creo capaz de todo. ¿Fue él quién vendió la casa?

–La vendió mi hijo. Dijo que soy demasiado viejo para vivir solo, ¡y no es verdad! –protestó. Y de nuevo sus ojos se animaron con aquella lucecita que parecía darle una nueva vida.

–Mi hijo tiene miedo de que por vivir solo me ocurra alguna desgracia. ¡Dios! ¿Qué me podía ocurrir? Mi hijo tiene muchos estudios, mucha ciencia, pero es tonto. ¡No sabe nada de nada! Mira que pensar que yo estaría bien en la residencia... ¿Cómo se puede estar bien en una casa tan grande donde no se puede trabajar? Muchas salas... de fumar, de juegos, de cine, de conferencias, y hasta hay otra que la llaman de convivencia. Pero es un sitio que no me gusta. Chico, si alguna vez te escapas y no te cogen, no vayas a la residencia. Son gente medio «pirada». Raros, muy raros... Viven al revés.

Alberto imaginó a los inquilinos de la residencia cenando a las ocho de la mañana, desayunando a las diez de la noche, paseando ya oscurecido y chapuzándose en la piscina en el mes de diciembre, después de haber ido a esquiar en agosto. Con personas así, no era extraño que el viejo se sintiera un poco desplazado.

–¿De veras? –preguntó.

–Es muy curioso –respondió el Viejo en tono confidencial–. Pero el suelo del exterior, el de las terrazas, es de baldosas, como la cocina de mi casa, y en cambio cultivan en el interior. ¡Parece cosa de locos!

Y sus ojos se ensombrecieron nuevamente.

Fue en ese momento, cuando Alberto se dio cuenta de que andando, andando junto al Viejo, habían abandonado la estación de autobuses, cruzando calles y llegado a la plaza donde se alzaba la residencia.

La miró con un sentimiento nuevo, mezcla de respeto y aprensión. Casi creía ver sus enormes salas de lectura, de fumar y de convivencia sembradas de pepinos, tomates, patatas y lechugas

que crecían y maduraban en alegre mezcolanza con sillas y bancos, y aunque no lo encontrara tan disparatado como había dicho el Viejo, sintió lástima de él, porque no tenía casa, ni amigos, ni pipa, ni nada.

Y súbitamente se acordó de Genoveva, que era casi vieja y sólo le tenía a él, y se arrepintió de haber pensado en dejarla sola.

Y aunque sentía hacerlo, se despidió del Viejo y corrió tanto como pudo, hasta llegar al portal de su casa.

6

Pasaron varios días antes de que Alberto volviera a ver al Viejo, a quien buscó inútilmente. Incluso se acercó a la estación para ver si daba con él, pero en vano.

Pero finalizadas las vacaciones, el primer día de colegio, que lucía un sol pálido pero agradable, lo vio sentado en un banco de la plaza.

Lo contempló a su sabor un buen rato, sin que el Viejo diera muestras de recordarlo. Admiró sus profundas arrugas, los cabellos blancos que el sol hacía brillar como hilos de plata y las manos grandes y curtidas.

–¡Eh! –gritó al fin–. Se ha puesto usted el periódico en la cabeza y está leyendo la boina.

El Viejo miró ambas cosas con gesto de perplejidad, y sus ojos volvieron a brillar, lleno de vida.

–¡Modernismos de ciudad! –gruñó–. Jamás en el pueblo me habían vendido un periódico que fuera una boina, y las boinas eran boinas, no esto, que parece papel de periódico. Y yo ahora me pregunto... ¿Son éstas las maravillas de la residencia que me decía mi hijo? Ya, ya... Muchos estudios, mucha ciencia, pero mi hijo no sabe nada de nada. Le han engañado como a un tonto.

–Pero ha sido usted mismo quien se ha puesto el periódico en la cabeza. Lo he visto.

–A mi edad hace falta protegerse la cabeza del sol. Con ése no se puede andar con bromas, y una insolación sería fatal para un viejo que está ya con un pie en la sepultura.

–Pero para eso tiene usted su boina –dijo Alberto. ¿Debajo de cuál de sus dos pies habría una sepultura? Tenía que inventar alguna historia acerca de ello. Tal vez los de la residencia habían ido haciendo sepulturas bajo el adoquinado de la plaza para enterrar a las personas que no llegaran a tiempo para ser recicladas.

–Naturalmente... para eso es la boina, pero aquí no las hacen como esas de Tolosa que vende la Bernarda. Las mejores boinas son las de Tolosa. Pero aquí, ni las boinas saben hacer. ¡Qué desastre de ciudad!

Alberto no había nacido allí, sino que había ido a vivir con su madre cuando ya tenía siete años; pero, sin embargo, amaba aquella ciudad, tenía amigos, y los vecinos eran muy simpáticos con él. Se creyó pues en el deber de defenderla.

–Esta ciudad es tan buena como la que más, y hay cosas estupendas, y aquí hacen boinas y periódicos formidables. Lo que pasa es que los periódicos son para leer, y las boinas se ponen en la cabeza.

El Viejo se levantó y pegó con fuerza en el suelo con el pie izquierdo, posiblemente el que tenía sobre la sepultura.

–¡Ah! –gruñó–, ¿así que te gusta la ciudad? ¡Pues a mí no! Urbanizaciones, conjuntos residenciales, ¡bah! ¿Dónde está la tierra? ¡Vamos, di!, ¿dónde está la tierra? ¿La ves por alguna parte?

Alberto miró a su alrededor y efectivamente no la vio.

La plaza con sus bancos, columpios y toboganes veíase totalmente enlosada. Tan sólo los árboles emergían de un circulito muy pequeño, rodeados por un bordillo de hormigón que parecía aprisionarlos.

–¡No se puede ser feliz en un lugar que no tiene tierra! ¿Lo oyes?

–Es verdad...

El Viejo le miró, y en sus ojos volvía a lucir aquella luz que los animaba tanto.

–¡Ah! Tú crees que la gente no es feliz aquí, ¿eh? Pues yo te digo que lo es, que hay muchas personas que viven sin tierra y no la echan en falta.

Y los ojos volvieron a apagarse.

–Sí... hay gente que es feliz.

–¡A qué llamarán algunos felicidad! –exclamó el Viejo. Y de nuevo sus ojos brillaron con animación llenando al niño de alegría. Sentía al verlos lo mismo que aquel día que fue con su madre a la playa. Estaba nublado, pero tenía tanta ilusión por bañarse en el mar, que lo hizo, y cuando tumbado en la arena tiritaba de frío, una nube se movió y el sol se asomó por un agujero. Alberto no olvidaría nunca lo bonita que se puso entonces la playa, ni el delicioso calorcito del sol sobre su espalda mojada.

Y volvió a recordarlo ahora al ver los ojos del Viejo que se iluminaban y apagaban animados por el calor de la conversación, porque al discutir, parecía cobrar nueva vida.

Sí; al Viejo le gustaba discutir, contrariar, criticar todo cuanto fuera necesario para poder alargar el diálogo, y se daba el caso de que en la residencia nadie discutía, ni criticaba, ni le contradecía.

Y Alberto lo comprendió, porque también a él le gustaba discutir, y Genoveva era tan buena, le quería tanto, que a veces se pasaba, dándole la razón en todo.

Y le ocurría lo mismo con sus padres, desde que se habían separado, que siempre estaban pensando en regalarle cosas; como pasó con aquella ballesta para disparar flechas, que nunca le habían querido comprar porque les parecía peligrosa, pero cuando su padre se separó de mamá, fue lo primero que le regaló.

Y era tan buena y tan grande, que

no la podía manejar, y el pasillo de casa era demasiado corto para disparar, y por la noche pensó que mucho mejor que tener la ballesta había sido discutir con su padre acerca de si era o no un arma peligrosa.

Sí; decididamente comprendía al Viejo. Simpatizaba con él, y quiso demostrárselo dándole una nueva ocasión de discutir.

—Cuando llueve, la tierra se convierte en barro, y el barro es una asquerosidad.

—¿Cómo? —y no eran dos luces, que eran millares las que brillaban en los ojos del Viejo—. ¿Una asquerosidad? ¡Si la lluvia es el regalo que hace el cielo a la tierra!

Y Alberto oyó al Viejo contar cómo la semilla enterrada en la tierra sentía la urgencia de asomar de ella, y la lluvia le ayudaba a crecer, parecía querer tirar de ella hacia arriba, como si quisiera mostrarle todo lo bello que había en la superficie, y cuando al fin la alcanzaba, sentía el gozo de la caricia del agua, que la ayudaba a crecer, a florecer y a dar fruto.

Al chico le hubiera encantado ver todo aquello, pero hacía mucho tiempo que no iba al campo. Tanto, que lo único que recordaba de él, eran unos patos que comían diminutos caracoles.

Nunca se fijo en la tierra, en aquella tierra mojada de que le hablaba el Viejo.

Y ahora, cada día al volver del colegio, Alberto buscaba al Viejo y se quedaban juntos en la plaza, y su charla siempre terminaba en discusión, cuando el hombre, brillantes los ojos, decía invariablemente:

–Urbanizaciones, conjuntos residenciales, casas muy lujosas, pero ¿y la tierra? ¿Tú sabes dónde está la tierra?

Alberto sugirió que tal vez la habrían llevado a la luna, porque la luna estaba toda llena de agujeros, lo sabía él muy bien, y podía haber allí gente a la que no le gustaran los agujeros y tuviera interés en rellenarlos.

–¡Quiá! –suspiró el Viejo–. La han dejado debajo.

–¿Debajo de qué?

–¡De las losetas! Han embaldosado la ciudad entera y se han dejado la tierra debajo.

–No puede ser. Sería de tontos. Si hubieran tapado la tierra nos quedaríamos sin nada para comer. Ya no habría verduras, y hoy nosotros hemos comido espinacas y plátanos, y todo eso sale de la tierra, ¿no? Yo creo que lo de la luna es mucho mejor.

–Eso no tiene ni pies ni cabeza. Estoy seguro de que está debajo.

–Lo que pasa es que usted todavía no sabe qué cosas son capaces de hacer los hombres esos de la residencia. Cosas que no se puede ni imaginar. Se han quedado con todas las agujas, exportan agujeros, reciclan humanos, nada me sorprendería que también se hubieran llevado toda nuestra tierra.

–Te digo que está debajo –insistía el Viejo.

Alberto decidió que al día siguiente se lo demostraría. En casa tenían un martillo. Rompería con él uno de los baldosines de la plaza y miraría debajo. Estaba seguro de no encontrar nada.

Pero al otro día, ocurrió algo tan estupendo que le hizo olvidar aquel proyecto. El Viejo lo esperaba en la parada del autobús.

Cuando lo vio allí, entre las madres y chachas de los más pequeños, se sintió tan maravillado, que tuvo que frotarse los ojos para convencerse de que no soñaba.

–Estará ahí sólo por casualidad –pensó.

Pero no era así, porque el Viejo realmente le estaba esperando. No es que le dijera: «Te estoy esperando», pero Alberto supo que era así, porque miraba

a todos los chicos que salían del autobús, y cuando le vio a él, parecía mirar de otra manera, y echó a andar a su lado, como si ya ninguna otra cosa de allí le interesara.

Y él, henchido de satisfacción se irguió, deseoso de que sus compañeros se fijaran, que vieran que también a él habían salido a recibirle, aunque le pareció que nadie le miraba. ¿Cómo no se darían cuenta de que aquel era un día diferente? ¡El Viejo había ido a esperarle!

Era tan grande, tan grande su agradecimiento, que pasó la noche entera pensando en la forma de corresponder a aquella muestra de afecto.

Tenía que hacer algo por el Viejo. Algo fantástico para que supiera que él, Alberto le apreciaba.

Pero ¿qué?

7

La vio desde el autobús, camino del colegio y se sorprendió de que estuviera allí, de que fuera tan grande y tan bonita, de que brillara el rocío en ella, y de que hubiera escapado a la mirada y rapiña de los hombres de la residencia.

¿O es que tal vez la habían llevado aquella misma noche mientras los habitantes de la ciudad dormían? Porque lo cierto es que Alberto creyó verla por primera vez.

El regreso a casa lo hizo expectante, excitado... ¿Continuaría en el mismo sitio que a la mañana o había sido nuevamente trasladada? Sería terrible que ya no estuviera.

Pero estaba, y era llana y extensa... La tierra más bonita que había visto jamás, y además, igual que en el viaje anterior, se la veía sola, abandonada, sin que nadie la vigilara, enteramente a su disposición.

–¡Ya sé dónde está! –gritó en cuanto vio al Viejo–. He encontrado la tierra.

Se sorprendió cuando él le dijo que ya sabía que fuera de la urbanización donde vivían había tierra. Lo había podido comprobar desde la galería de la residencia, mientras esperaba su turno para entrar en el dentista.

–¿Entonces era eso lo que miraba tanto cuando estaba convertido en estatua? Además, ¿es que los hombres de la bata blanca y de la camisa verde son dentistas? –preguntó el chico un poco decepcionado.

–Uno médico y el otro dentista. Es

curioso, primero me perforó una muela con una agujita que daba vueltas, después la rellenó con una extraña materia, y ya no ha vuelto a dolerme. ¿Se sabe de quién es esa tierra?

Alberto no lo sabía. Ni siquiera se le había ocurrido pensarlo; al verla creyó que estaba abandonada, y se afianzó en esa idea los días que siguieron a su descubrimiento, sin dejar de mirarla desde el autobús cada mañana al ir al colegio y cada tarde cuando volvía de él.

–¿Qué, cómo sigue? ¿Te has fijado en si ha sido abonada? ¿Apunta ya el cereal? –preguntaba el Viejo, que ahora ya siempre lo esperaba en la parada del autobús.

No podía comprender que la tierra descubierta por Alberto pudiera estar abandonada, máxime en un lugar como aquél, donde tanto escaseaba, y como el chico le dijera que no estaba demasiado lejos, un día decidió ir para contemplar con sus propios ojos aquel hecho insólito para él.

Y ambos, niño y Viejo, se pusieron en camino, dejaron atrás los bloques de la urbanización, atravesaron un polígono industrial, y al fin vieron la tierra.

Sólo un alambre les separaba de ella, que se extendía llana, hermosa, cubierta de fina hierba.

–¿A que es como yo se lo había dicho? –dijo Alberto.

Se sentía orgulloso, importante, una especie de Cristóbal Colón descubriendo América.

–¡Leñe! –suspiró el Viejo–. Son muchas robadas... y no está sembrada... ¿Tú te lo explicas?

Se quedó mudo, contemplando la tierra, y tanto le gustó que volvieron a ella otro día en que el Viejo se decidió a palparla, y otro en que cogió un puñado de tierra y la deslizó de una a otra mano. Un día se animó a pasar bajo el alambre y dio algunos pasos sobre el preciado suelo, pasos que se hicieron paseo en otra ocasión.

Lo que más le gustó a Alberto fue descubrir que también al Viejo le gustaba inventar historias. Porque las inventaba.

Cada día creía ver la tierra de forma diferente. Fue adornada de viñas que había que podar en marzo, y en abril de mieses que empezaban a verdear, y explicaba al niño que ya florecían las habas, y habló también de malas hierbas que había que escardar.

Y al fin, cuando terminaba de soñar, se apagaba el brillo de sus ojos y pasando bajo el alambre que los separaba de la carretera, decía:

—¡Leñe! Y esto, ¿de quién será?

Un día apareció empujando una carretilla. Se la había prestado el lechero, y en ella había cargado unos sacos y algunas herramientas de labranza. Habló muy excitado.

—Creo que no haríamos mal a nadie poniendo allí una huerta. Yo diría que es casi un pecado desaprovechar aquella

tierra... Ayer estuve en el peluquero, ¿sabes?, y leyendo una revista que había allí lo decidí. En aquella revista contaba que hace cosa de pocos meses, una marquesa vio un castillo que le gustó mucho y decidió comprarlo. ¿Y sabes que pasó?

–No.

–Que el castillo era suyo. Se descubrió al hacer los papeles para su compra. Lo había tenido años y años abandonado, porque aquella mujer era inmensamente rica, y tenía tantas cosas que ni se acordaba de ellas. Pienso que esta tierra es de alguna otra marquesa que se ha olvidado de ella, ¿no te parece?

Alberto estaba completamente seguro de ello, así que siguió al Viejo empujando ambos la carretilla hasta la finca de la olvidadiza y despistada marquesa.

Examinaron juntos el terreno, en visita de inspección, descubriendo que tenía muchos agujeros. Hasta dieciocho llegaron a contar, pero que convenientemente rellenados no iban a ser ningún inconveniente.

Removieron la tierra con las azadas y después la abonaron con algo que olía muy mal, pero que el Viejo dijo que era muy bueno. Algo tan importante como para Alberto las vitaminas.

Lo mejor fue el día que entre los dos rellenaron el rectángulo elegido de hileras de pequeñas plantas, que el Viejo aseguró que se convertirían en lechugas, tomates, judías, cebollas y zanahorias, que después contemplaron con la satisfacción del labrador, sentados al pie de un árbol, comiendo aquel exquisito queso que había llevado el Viejo.

Y Alberto supo a partir de ese día de la necesidad de la lluvia. Se acostumbró a mirar con ansiedad aquel cielo tan azul que no regaría sus plantas, la nube gris que se acercaba trayendo esperanza, y el providencial chaparrón que tiraría hacia arriba las plantas, haciéndolas crecer fuertes y erguidas.

A veces sentía miedo. ¿Y si todo lo que decía el Viejo y el libro del colegio, de que metiendo una semilla en la tierra germinaba y crecía, no fuera cierto? ¿Mira que si todo fuera como las historias que él inventaba acodado en la ventana de su habitación?

–El labrador sabe esperar. Brotarán, no te preocupes –le decía el Viejo cuando lo veía tendido en el suelo, contemplando anhelante la tierra que escondía las semillas sembradas la tarde anterior.

Pero Alberto estaba intranquilo. Recordaba que, siendo muy niño, su padre le había dicho que sembrando el hueso de un fruto salía un árbol, y él, maravillado, había enterrado huesecillos del cordero que habían comido aquel día en todas las macetas de la terraza, pero jamás salieron de ellas los graciosos corderitos blancos con que él soñaba.

¿Y si ahora ocurriera lo mismo?

Mas fue en vano su temor, porque las historias del Viejo eran reales, y las plantas comenzaron a crecer, y salieron tiernos brotes allá donde echaron semillas, y fue tanta, tanta la alegría de Alberto, que el Viejo reía, más contento de verlo saltar que por el resultado de su trabajo.

–Lo que ahora necesitamos es unas cuantas varas para que las judías trepen por ellas –dijo el Viejo.

Los proveía de todos estos materiales un paisano suyo, a quien algunos días iban a esperar al autobús, en aquella misma estación donde los dos se encontraron.

¡Cuánto había cambiado la vida desde entonces! Genoveva era más feliz, Alberto lo sabía, desde que había sustituido la ventana de su habitación por la huerta, y sólo refunfuñaba un poquito si llegaba demasiado tarde. También mamá era feliz cuando le contaba por teléfono cómo crecían las zanahorias, y también su padre comenzaba a interesarse por su trabajo, aunque estaba un poco despistado con lo del Viejo. Alberto le había contado que todas las tardes iba a la huerta de un amigo, y un domingo que vino a verle le trajo dos coches teledirigidos, uno para él y otro para su amiguito.

Pero sobre todo, ¡ah!, el Viejo era feliz.

Alberto lo había estudiado durante todo aquel tiempo. Había estudiado las arrugas de su rostro y ahora ya conocía el origen de cada una de ellas.

Las tenía alrededor de los ojos, porque el sol le hacía entrecerrarlos cuando al trabajar la tierra le enviaba despiadadamente sus rayos.

Las tenía en la frente, que se plegaba cada vez que el Viejo escudriñaba el cielo, como preguntándole qué tiempo les depararía el día siguiente...

–Oiga... las arrugas, ¿duelen? –le preguntó un día.

Y cuando el Viejo al responder sonrió, descubrió cómo se habían formado algunas que tenía a los lados de la boca, porque al reír se marcaban más profundamente y formaban algo así como una cortina, como si fueran el telón que enmarcara su sonrisa.

–¿Doler? ¡Quiá! ¡Qué han de doler!

Pero después se quedó pensativo y le habló de un hijo que tenía.

–¿El que es tonto?

–¿Tonto mi hijo? ¿Quién ha dicho semejante cosa?

–Usted. Me dijo que su hijo tiene muchos estudios, pero que es tonto porque se dejó engañar con lo de la residencia.

–¡Ah, bueno!

Pero resultó que el hijo del Viejo no era tonto, sino un señor listísimo, que vivía en los Estados Unidos y estaba siempre metido en unos laboratorios donde investigaba en unas cosas que ni él ni el Viejo comprendían, y que la última vez que vino a ver a su padre dio unas conferencias en la universidad, donde todos, todos los sabios y profesores, le escuchaban con la boca abierta.

Alberto le dijo entonces que su madre también tenía un trabajo muy importante como corresponsal de guerra, que siempre estaba en peligro, que a veces salía en la televisión, y que su padre, aunque no era tan famoso, era arquitecto y hacía las casas más altas que nadie. Le habló también de su hermanita, de lo graciosa y rubia que era, del sonajero que le había regalado, y casi sin querer, olvidando que ni siquiera la conocía, empezó a fantasear, diciendo que dormían los dos juntos en la misma habitación, porque cuando la niña tenía miedo, solamente él sabía cómo hacerlo desaparecer. Que era tan guapa, que cuando iba a buscarla al jardín de infancia, todo el mundo se paraba a mirarla, y que además tenía muchísima fuerza.

–Malo... –suspiró el Viejo–. Cuando las personas valen tanto, acaban dejándonos.

–Mi hermana no me dejará nunca porque me quiere. Me quiere. Me quiere mucho más que a nadie.

Pero luego se puso triste. Pensó que si su madre no hubiera sido tan inteligente no hubiera ido a trabajar tan lejos, su padre y ella no se hubieran separado y vivirían juntos, lo que sería estupendo. Mucho, muchísimo mejor que recibir regalos por partida doble en su cumpleaños.

El día anterior Alberto les había escrito una carta a cada uno. Insistían tanto en que les pidiera un regalo para su cumpleaños, que al fin lo había hecho.

Necesitaban un burro. El Viejo había tenido uno hace muchísimos años, que le ayudaba a transportar los aperos al campo. Le había hablado de él cuando hicieron el camino cargadas las espaldas con las varas que servirían para hacer trepar las alubias verdes. El burro se llamaba Roque.

Así que pensó en lo estupendo que sería que su madre le regalara un burro para que les ayudara en el trabajo. Pero una vez depositada la carta en el correo, pensó que Irak estaba demasiado lejos, y que tal vez a su madre le fuese imposible enviarlo, así que escribió otra carta a su padre solicitando otro borriquillo para el día de su santo. Estaba seguro de que así no podía fallar. Uno u otro le mandaría el burro.

No se lo dijo al Viejo. Prefería darle una sorpresa, y empezó a pensar en el gozoso momento en que él, Alberto, fuera a esperarlo tirando del ramal de un gracioso animal de pelaje gris.

Lo que no esperaba era que fueran dos. Que su padre y su madre fueran tan estupendos como para mandar cada uno un burro.

Porque fueron dos los avisos que

Alberto recibió de la agencia de transportes para retirar dos envíos.

¡Qué largo se le hizo el día en el colegio! ¿Sería posible que la clase de gimnasia durara sólo media hora? ¿Cómo podría manejar él solo los dos burros? ¿Lo seguirían dócilmente, o por el contrario se negarían a hacerlo y cocearían a izquierda y derecha? Sería terrible que así fuera...

Decidió comprar dos manojos de zanahorias, porque los animales, hambrientos tras el largo viaje, no dudarían en seguir a quien las portara.

Y cargado con ellas entró en el almacén del transportista.

Le sorprendió que los burros estuvieran tan flacos, que no se movieran en absoluto, y todavía más, que se hubieran dejado empapelar.

Y es que no eran burros.

Tenían seis cambios de marcha, timbre, e incluso carterita para las herramientas.

Jamás Alberto había visto dos bicicletas tan estupendas.

Por eso el encargado del almacén no se explicaba por qué aquel niño, después de rasgar con dedos nerviosos el papel, parecía hacer esfuerzos por contener las lágrimas.

8

Algunas veces pensaba que todo era demasiado bueno para ser verdad, que todo lo que sentía aprendiendo junto al Viejo, los secretos de la tierra, no podía durar siempre.

Las judías trepaban alegremente por las varas de avellano, maduraban los tomates, granaban las habas, y tenían las bicicletas.

¡Qué bueno era poder ir y venir del campo a la ciudad pedaleando!

Porque el regalo de sus padres, que tan honda decepción causó en el chico, había sido recibido con muestras de júbilo por el Viejo. Dijo que nunca en sus años mozos había tenido una bicicleta pese a ser su mayor ilusión, porque su padre era demasiado pobre para comprarla.

Contempló en silencio la bicicleta verde, acarició el manillar y el freno, hizo sonar el timbre, y por fin se decidió a montarla, recorriendo la plaza en osado paseo vacilante y haciendo muchas eses, mientras nuevas arrugas se imprimían en su rostro. Éstas de felicidad.

El chico lo siguió en la bicicleta roja, y tan contento, tan contento estaba, que se preguntaba cómo en algún momento pudo haber preferido un burro. Tenían razón sus padres en sus cartas casi idénticas: «¿Para qué quieres un burro? Me parece una tontería. No sabrías ni dónde guardarlo.»

¡Qué bueno era ahora dejar atrás el barrio residencial, el polígono industrial, y tomar el camino de la huerta por

la solitaria carretera, porque ahora, ya en vacaciones de verano, ni siquiera transitaban por ella los autobuses escolares.

Mas sí, demasiado bueno para durar siempre.

Un día, al llegar a la huerta, vieron que había alguien en ella.

Eran hombres. Un numeroso grupo de ellos, que hablaban con fuertes voces y arrancaban a puntapiés las habas y las judías, con evidente ira.

El Viejo dio un paso para impedirlo, pero el chico le cogió de un brazo.

–Mejor que esperemos... –susurró temblando, porque en aquel momento se sentía muy poco seguro de sus derechos de propiedad sobre aquella tierra.

El Viejo asintió, se apagó de nuevo la luz de sus ojos, que quedaron fijos, como perdidos en el horizonte.

–Han tapado todos los agujeros –gritó un hombre que vestía uniforme verde, como de guardabosques.

—¡No toquen nada! —ordenaba ahora otro hombre—. Puede ser peligroso. Se ha avisado a los artificieros y llegarán en cualquier momento. Es posible que todo esto no sea más que una trampa que oculte una bomba.

—Para mí, obra de locos. No tiene pies ni cabeza —dijo otro.

—¡Cubrir todos los agujeros del campo de golf, cuando el Presidente está a punto de llegar!

Era increíble. En aquel lugar, donde nunca habían visto una sola persona, se congregó en un momento muchísima gente. Hombres y mujeres se detenían junto al alambre que separaba el campo de la carretera haciendo todo tipo de comentarios.

—¡Desalojen! ¡Desalojen! —gritaban los hombres del uniforme verde.

—¿Qué pasa? —les preguntó una mujer que empujaba un cochecito de niño.

El Viejo la miró encogiéndose de

hombros. Parecía profundamente abatido.

–¡Casi nada! –rió un muchacho pelirrojo–. ¡Qué algún chalado ha convertido en un campo de cebollas el golf de la finca del Presidente!

Aquel chico era poco mayor que Alberto y lo sabía, pero por lo visto el Viejo y él eran los únicos que ignoraban que aquella era la finca de verano del Presidente...

Y tuvieron que ver, ocultos tras un árbol, cómo todo su huerto era minuciosamente rastreado, y después destrozado y allanado con gran celeridad por una inmensa máquina, mientras jardineros profesionales sembraban nueva hierba donde antes crecían alegremente los tomates y lechugas.

Los ojos del Viejo ya no brillaban. Parecía que aquella chispita que les daba vida se había ido para siempre cuando dio media vuelta y comenzó a alejarse.

Alberto quiso llamarlo, pero al igual que el día en que rompió su pipa, se dio cuenta de que no conocía su nombre, de que nunca se lo había preguntado, por lo que lo siguió en silencio, empujando las dos bicicletas, la verde en la mano derecha, la roja en la mano izquierda, sintiendo que algo cálido brotaba de sus ojos, algo que hacía mucho que no sentía, y que ahora no le importaba derramar: lágrimas.

Las dejó correr, que resbalaran libremente por sus mejillas, que humedecieran su camisa, tan primorosamente planchada por Genoveva, porque quería llorar y llorar, como puede hacerlo cualquier chico de once años, sin que nadie le recuerde que es casi un hombre.

El Viejo volvió la cabeza y le esperó, y Alberto se sintió mejor al ver que sacaba del bolsillo un arrugado pañuelo de cuadros azules y blancos y le limpiaba las narices. ¡Hacía tanto tiempo que nadie lo hacía!

Debió de ser la confusión lo que le hizo hablar así.

—Me parece que estorbo. Sí... estoy seguro, porque antes, cuando mis padres se separaron reñían por mí, porque los dos me querían tener con ellos... y mi madre decía que sobre todo que no le quitaran al niño, y mi padre que nunca se separaría de mí. Pero después, cuando mi padre se casó otra vez, y mi madre se fue a Irak, ya no estaban tan tristes. Ahora pueden vivir muy bien sin mí, ya no me necesitan, y les estorbo a los dos.

Se quedaron en silencio. Se oía tan sólo el rodar de las ruedas de goma en la carretera. Pero había algo más. Algo que Alberto sintió sobre su espalda, y que presionaba suavemente... una mano curtida por el aire y el sol, con el dorso surcado de abultadas venas azules.

—Pero, claro... —continuó—. ¿Cómo va a tener tiempo mamá para pensar en mí, si continuamente se tiene que estar realizando haciendo entrevistas a los de la guerra? Y papá... como ahora tiene una niña tan pequeña, la está siempre cuidando, porque dice que le necesita mucho. Además dicen que como tengo once años soy un hombre y tengo que comprender, y a mí no me da la gana de ser un hombre, y ahora nos quitan la huerta, y usted se irá también, y me quedaré otra vez solo, mirando a los de la bata blanca y a los de la bata verde.

El Viejo le miró y sus ojos le volvieron a brillar.

–¿Cómo te llamas, chico?

–Alberto... me llamo Alberto, pero algunos me llaman Uranga.

–Alberto, me parece que aquí es muy difícil cultivar la tierra... comprendo ahora que los de la residencia lo hagan en el interior.

–¿Y qué es lo que cultivan?

–¡Bah!... coleos, ficus, begonias... en macetas, ¿sabes? Y les llaman plantas de interior... ¡qué tontería!

–No es ninguna tontería. Genoveva también tiene macetas y hace bonito.

–¡Ah! ¿Así que te gusta más el cultivo de interior que lo nuestro?

Y al decir «lo nuestro», sonrió con tristeza.

–Me parece que ha terminado, y que además nos hemos metido en un lío... ¡La finca del Presidente! ¿Habías visto tú alguna vez una finca del Presidente?

–No. Yo pensaba que el Presidente viviría en algún sitio lleno de estatuas y columnas y espejos... No me extraña que prefiera esto.

–No será tonto, no...

–Oiga... ¿Y si nos llevan a la cárcel?

–No nos descubrirán. Además no hemos hecho nada malo. Si tuvieran dos dedos de frente se darían cuenta de que la finca con la huerta gana mucho. Mira que un campo de golf... ¡Qué cosa más tonta!

Caminaron un trecho en silencio,

sin atreverse a pensar qué harían al día siguiente.

–Oiga, yo siempre le llamo Viejo –murmuró Alberto. Le parecía que aquella confesión haría más sólida su amistad–. Genoveva dice que está feo.

–¿Por qué?

–No sé... pero dice que le tengo que llamar Antiguo, que así es como se dice. Claro que yo no lo hacía por molestarle.

–Ya lo sé.

–Es que no sé cómo se llama.

–Abuelo. Me llamo Abuelo.

Y el viejo pareció respirar muy hondo.

–No puede ser. Ninguna persona se llama así. Abuelo no es un nombre.

–¿Y qué? Mi padre se llamaba Julio, que es un mes, ¿es que no vas a creerlo?

Y sus ojos, al decirlo, brillaban más que nunca.

–Es diferente.

–¿Dónde está la diferencia? ¿Te parecía mejor que me llamara Primo, como el secretario de mi pueblo?

–No.

–¡Mira que decir que Abuelo no es un nombre de persona, cuando en la residencia hay uno que se llama León!

–Pues un profesor del colegio se llama Domingo.

–¡Llamarse así, como si fuera un día de la semana! Pero te diré que tuve una hermana que se llamaba Segunda, y que nadie se escadalizaba por eso.

–Mi vecina se llama Blanca, que es nombre de color.

–Y hay mujeres que se llaman Rosa y Margarita como las flores.

–Conozco a una chica que se llama Magdalena como las pastas, y otra María como las galletas.

–En mi pueblo había un Plácido, y lo que son las cosas, siempre estaba de mal humor.

–Para raro, otro profesor del colegio. Se llama Olegario, pero le llamamos el Rodríguez.

–Y después de todo, ¿aún te parece raro que yo me llame Abuelo?

–No. Ya no.

Y el Viejo sonrió.

El Viejo también inventaba historias, y la que más le había gustado fue la que inventó al llegar a la residencia. Su hijo no era sólo un eminente doctor a quien todos los sabios escuchaban con la boca abierta, sino un padre que tenía un hijo: su nieto.

Y tanto había soñado con él, que incluso les había hablado a sus compañeros de residencia. Les habló de aquel nieto con quien se encontraba para ir a la huerta, de sus paseos en bicicleta y de las historias que había contado. Expresaba ante los otros viejos su temor ante el próximo examen del chico, y se mostraba contrario a lo mucho que se exigía ahora a los niños en el colegio.

Tan sólo una cosa le faltaba. Que le llamara abuelo...

–Oiga, Abuelo, ¿y ahora qué hacemos?

El Viejo parpadeó... cogió entre su mano aquella otra más pequeña, que agradecida, presionó con cariño.

–¿Has pensado alguna vez en criar corderos? Yo tuve un rebaño hace años... hasta doscientas cabezas. Y viniendo hoy por aquí, he visto una casa que parece abandonada. Creo que nadie se molestaría si la tomamos prestada para alojar nuestro rebaño, ¿no te parece? Y fíjate, Alberto, precisamente hace unos días, y estando en la barbería, leí en una revista el caso de una marquesa, que se encaprichó por un castillo, y al ir a comprarlo, descubrió que era suyo...

Índice

PUNTO INFANTIL

A partir de 7 años

18. **Potón el gato no quiere pato**, de *Paco Climent*. (6ª ed.)
19. **La niña que aprendía los nombres**, de *Carlos Murciano*. (4ª ed.)
20. **El bandido Carahígo**, de *Fernando Almena*. (4ª ed.)
24. **Rosa sosa**, de *Carmen Vázquez-Vigo*. (2ª ed.)
25. **Un extraño viaje**, de *Patricia Barbadillo*. (2ª ed.)
26. **Potón el gato y la escuadrilla gansa**, de *Paco Climent*. (3ª ed.)
30. **Cosas que se pierden, amigos que se encuentran**, de *Carmen Kurtz*. (2ª ed.)
31. **Pablo y su elefante**, de *Elvira Menéndez*. (6ª ed.)
32. **Una sombra muy fresca**, de *Blanca García Valdecasas*. (2ª ed.)
35. **El coco está pachucho**, de *Fernando Lalana*. (4ª ed.)
36. **Pachu, perro guapo**, de *Carmen Kurtz*. (3ª ed.)
39. **Potón el gato y los indios mapaches**, de *Paco Climent*.
40. **Camilito en el país de los problemas**, de *José Luis Velasco*. (Premio al libro mejor ilustrado, 1994).
42. **El Rey también fue niño**, de *Alejandro Capuano* y *Victoria Mendo*. (2ª ed.)
44. **Pablo y su elefante en el día que la clase voló**, de *Elvira Menéndez*. (2ª ed.)
46. **Potón el gato y la pandilla Mofeta**, de *Paco Climent*.
48. **La noria de Gloria**, de *Gloria Fuertes*. (2ª ed.)
50. **¡Qué patines!**, de *Maria Aymerich*.
55. **Lo que cuenta un libro**, de *Ángel Esteban*.
62. **Bicicletas de nariz**, de *Marisa López Soria*. **NOVEDAD**

PUNTO JUVENIL

A partir de 9 años

3. **El viaje de Doble-P**, de *Fernando Lalana.* (15ª ed.)
8. **Pocachicha**, de *Fernando Almena.* (6ª ed.)
12. **El regreso de Doble-P**, de *Fernando Lalana.* (6ª ed.)
15. **Paparruchas**, de *Fernando Martínez Gil.* (3ª ed.)
17. **El libro de Verónica**, de *Carmen Vázquez-Vigo.* (3ª ed.)
27. **Tres y otros dos**, de *Carlos Murciano.* (2ª ed.)
28. **Nosotros, los otros y los demás**, de *Lucía Baquedano.* (3ª ed.)
29. **Mambrú no fue a la guerra**, de *Carmen Vázquez-Vigo.* (2ª ed.)
33. **Comeré fresas contigo**, de *Jesús Ballaz.* (2ª ed.)
37. **Manzana dorada**, de *Emilio González Déniz.* (2ª ed.)
43. **Inventando historias**, de *Lucía Baquedano.* (2ª ed.)
47. **La famosa Verónica**, de *Carmen Vázquez Vigo.* (2ª ed.)
49. **La rebelión de Karen**, de *José María Hernández.*
52. **Sir Lui**, de *Lola Herrero.* (2ª ed.)
56. **La noche de las sirenas azules**, de *Antonio Gómez Montejano.* (3ª ed.)

A partir de 12 años

1. **El bosque de los castores**, de *Philippe Ebly.* (4ª ed.)
2. **Puertas afuera**, de *Molly Glos.* (3ª ed.)
4. **El robot que vivía su vida**, de *Philippe Ebly.* (4ª ed.)
5. **La expedición del pirata**, de *Jack London.* (5ª ed.)
6. **Fuera de juego**, de *Norbert Müller.* (3ª ed.)
9. **Tim el salvaje**, de *Gary L. Blackwood.* (7ª ed.)
11. **El rapto del dios blanco**, de *Philippe Ebly.* (2ª ed.)
13. **Cazadores de osos**, de *Maine Reid.* (2ª ed.)
14. **Los días de Lina**, de *Concha Castroviejo.* (2ª ed.)
21. **La isla que surgió del mar**, de *Philippe Ebly.* (4ª ed.)
22. **Fernando el temerario**, de *José Luis Velasco.* (5ª ed.)

34. **Los corsarios del espacio**, de *Philippe Ebly*. (2ª ed.)
38. **2117, el año del terror**, de *Philippe Ebly*.
41. **El valle de los cíclopes**, de *Philippe Ebly*.
58. **Bajo el volcán lila**, de *Josep Gòrriz*. (2ª ed.)
59. **El secreto del ordenador**, de *Maria Aymerich*. (2ª ed.)
61. **Más allá de las tres dunas**, de *Susana Fernández*.

NOVEDAD

A partir de 14 años

7. **Magallanes y Elcano, audacia sin medios**, de *Isidoro Castaño Ballesteros*. (6ª ed.)
10. **Aventuras de Arturo Gordon Pym**, de *Edgar Allan Poe*. (4ª ed.)
16. **La expedición perdida**, de *Elvira Menéndez*. (6ª ed.)
45. **El vuelo de Drácula**, de *Olga Xirinacs*.
51. **El asesino de su segunda sombra**, de *Jesús Ballaz*.
53. **Morder el anzuelo**, de *Agustín Alcoberro*. (2ª ed.)
54. **Cuba linda y perdida**, de *Mª del Carmen de la Bandera*. (3ª ed.)
57. **El libro o Hay una vaca en casa**, de *Isidoro Castaño Ballesteros*.
60. **Almogávar sin querer**, de *Fernando Lalana y Luis A. Puente*.

NOVEDAD